Yasmin Mai-Schoger

Schmunzelstücke

Schoger's Schön

ein Mai lehn Stein

AF211056

Yasmin Mai-Schoger

Schmunzelstücke

Schoger's Schön

ein Mai lehn Stein

Lieber

Regen auf mich

als mich aufregen!

Bibliografische Information der Deutschen Nationalbibliothek:
Die Deutsche Nationalbibliothek verzeichnet diese Publikation in der Deutschen Nationalbibliografie; detaillierte bibliografische Daten sind im Internet über http://dnb.dnb.de abrufbar.

© **2024 Yasmin Mai-Schoger**
Herstellung und Verlag: BoD – Books on Demand, Norderstedt
ISBN: 978-3-759-706669

1. Auflage

Schmunzelstücke - Schoger's Schön – ein Mai lehn Stein

Bilder: Yasmin Mai-Schoger

Inhaltsverzeichnis

Sonne

durchströmt meine müden Glieder,

legt sich auf die Seele nieder,

durchzieht mein Haupt,

durchdringt mein Herz,

schickt alle Sorgen himmelwärts.

Ein Sonnenstrahl dies alles vermag,

ich genieße diesen Tag.

Die Sonne scheint,
was will man mehr.
Sie wärmt uns, gibt uns Lebensmut –
sie kommt mit voller Kraft daher,
sie baut uns auf, sie tut uns gut.
Drum öffnet die Fenster, lasst ihn herein,
den herrlich warmen Sonnenschein.
Er ist des Frühlings Ritterschlag,
wenn auch noch launisch, fein und zart.
Genießt den wärmenden Sonnenschein,
lasst ihn in Eure Herzen hinein.

Zweifle nicht –
strecke dem Glauben
die Hand entgegen
und schau,
wie die Hoffnung
sanft und leise
nach dir greift.

Und manchmal
hat der Zweifel einen Grund,
das Misstrauen ein Motiv
und das Handeln
seine Wurzeln!

Man sollte nie
schneller
gehen
als der Blick
schweifen kann!

Mich
dürstet es nach Sonne,
mich dürstet es nach Licht –
nach was es mir nicht dürstet,
das ist des Tages Pflicht!

Mein Herz

es ruft nach Einigkeit –

nach Frieden und nach Stille.

Ich sehne mich nach dieser Zeit,

es ist mein letzter Wille.

Ich wünsche
eine gute Nacht -
auf dass das SchlafSchaf für dich lacht.
Denn wenn es kichert, lacht und schmunzelt,
es die StirnesFalte runzelt,
es dir schöne Träume bereitet,
sanft dich in den Schlaf begleitet.
Dann wird's eine gute Nacht -
horch nur wie es kichert, lacht.
Tief und fest sollst Du nun ruh'n -
entspannen, erholen, gar nix tun!
Auch nicht grübeln, nicht rätseln, nicht denken.
Einfach nur auf's Schlafen beschränken.
Energie sollst du aufladen,
dich in deinen Träumen baden.
Schlaf nur schlaf,
das SchlafSchaf wacht -
horch nur, wie es kichert, lacht.
Es schmunzelt und gackert
bis morgens um acht -
bis dahin - eine gute Nacht.

Der Tag
trieb nicht zum Handeln an
und auch die Nacht vermag es nicht.

Man es nicht
anders sagen kann:
Da wohl die Faulheit aus mir spricht!

Es ist die Hoffnung, die mich ruft-
ich will mich ihr ergeben.
Ich werde folgen ihrem Laut,
denn Hoffnung ist ein Segen.

Es ist die Liebe, die mich ruft-
ich will mich ihr ergeben.
Ich werde folgen ihrem Laut,
denn Liebe ist ein Segen.

Es ist der Glauben, der mich ruft-
ich will mich ihm ergeben.
Ich werde folgen seinem Laut,
denn Glauben ist ein Segen.

Es ist das Leben, das mich ruft-
ich will mich ihm ergeben.
Ich werde folgen seinem Laut,
denn Leben ist ein Segen.

Erhebe niemals
den Zeigefinger!
Es sei denn,
ein Marienkäfer will
darauf landen!

Ein Licht,
es leuchtet, es soll dich tragen –
es soll dich stärken in diesen Tagen.
Es soll dich behüten, bewahren, beschützen,
es wird dich halten, begleiten und stützen.
Es wird dich umarmen, ganz zart und sacht,
dich tragen durch die einsame Nacht.
Es wird dich leiten, es wird dich führen –
deine Seele wohlig berühren.
Einen Moment der Freude dir schenken,
deine Gedanken zum Guten lenken.
Ein Licht, es leuchtet, es soll dich tragen,
es soll dir beisteh'n in diesen Tagen.

Weißt du, wie der Frühling riecht?
Nach Erdbeer und Holunder-
der Duft mir in die Nase kriecht,
der Mai ist schon ein Wunder!
Alles blüht, wächst und gedeiht,
bunte Blüten weit und breit.
Ein bisschen rot, ein Tupfen blau,
ein gelber Klecks im Sonnentau.
Ein Blütenmeer in violett,
es blühen Rosen im Duett.
Den Wegesrand ziert gern der Flieder,
am Gartenzaun Jelängerjelieber.
Lieblicher Duft in allen Ecken,
im blühenden Baum, in treibenden Hecken.
So riecht der Frühling, so riecht der Mai,
zu schnell, zu schnell ist er vorbei.

Mit Zweifeln
bin ich aufgewacht,
ich hab' gegrübelt die ganze Nacht.
Trübe Gedanken umschlossen mein Herz,
brachten Kummer, brachten Schmerz.
Ich kann nicht schlafen, kann nicht essen -
Zweifel hindern am Vergessen.
Zweifel rauben mir die Nacht,
ich habe zu viel nachgedacht.
Dann kam der Tag, es kam das Licht -
die Zweifel nahm er leider nicht.
Der Tag war dunkel, kalt und rau,
traurig, trostlos, grau in grau.
Doch irgendwann, ich merkte es kaum,
da stand die Hoffnung dort im Raum.
Sie war nur klein, doch hielt sie mich –
und langsam der Zweifel der Hoffnung wich.

Wo
Marienkäfer
auf der Seele tanzen
ist kein Platz für
Groll und Ärger!

Es kann die Nacht
das Leid nicht lindern
und auch der Tag vermag es nicht –
wohl nur die Zeit
kann es verhindern,
dass man nicht daran zerbricht.

Es seufzt das Herz,
es ächzt der Leib,
die Seele jetzt
nach Frühling schreit.

Die Seele
sich nach Frühling sehnt,
mit allen seinen Farben.
Doch bleibe es nicht unerwähnt,
es nützt uns nicht das Klagen.
Der Frühling zieht noch lang' nicht ein,
der Winter bleibt besteh'n.
Drum lasst den Winter Winter sein,
er wird ja doch nicht geh'n.
Genießt die kalte weiße Pracht,
genießt den zarten Schnee –
denn, wer hätte es gedacht,
er sagt schon bald Adé.

Welch' Weh-gefüllte Zeit
durchtränkt mit neu erbauten Mauern
oh du liebe Menschlichkeit,
du lasst mich grad erschauern.

Wo ist die Hoffnung,
wenn man sie grad' braucht?
Ist sie am Ende
vielleicht schon verbraucht?
Wo ist der Mut,
wenn man auf ihn hofft?
Ist er verloren, wie schon so oft?
Wo ist der Glaube,
wo kann er nur sein?
Warum lässt er mich nur so allein?
Wo ist die Zuversicht,
wenn man auf sie baut?
Oder hab' ich ihr zu sehr vertraut?
Dann kam die Hoffnung,
der Glaube,
der Mut...
jetzt wird alles wieder gut!

Und

ist die Hoffnung

noch so klein -

Sie ist!

Sie ist!

Sie ist!

Wo Angst
und Zweifel weichen,
wo Hoffnung sich entfalten kann –
setzt Zuversicht ein Zeichen,
Vertrauen wächst sodann.

Wo Groll
und Jähzorn weichen,
wo Güte sich entfalten kann –
setzt Sanftmut wohl ein Zeichen
und Einsicht wächst sodann.

Wo Neid
und Missgunst weichen,
wo Achtung sich entfalten kann –
setzt Toleranz ein Zeichen,
das Denken fängt dann an.

Wo Hass
und Feindschaft weichen,
wo Freundschaft sich entfalten kann –
setzt Empathie ein Zeichen,
Gerechtigkeit fängt an.

Wo Schein
und Lüge weichen,
wo Wahrheit sich entfalten kann –
setzt Ehrlichkeit ein Zeichen,
Vertrauen wächst sodann.

Wo Leid
und Elend weichen,
wo Leben sich entfalten kann –
setzt Menschlichkeit ein Zeichen,
Frieden wächst sodann.

Wo Macht
und Zwänge weichen,
wo Recht sich frei entfalten kann –
setzt die Moral ein Zeichen,
es fängt das Leben an.

Wo Zaun
und Grenzen weichen,
wo Jeder sich entfalten kann –
setzt die Vernunft ein Zeichen,
die Freiheit wächst sodann.

Wo Krieg
und Terror weichen,
wo Frieden sich entfalten kann –
setzt Einigkeit ein Zeichen,
hier fängt die Zukunft an.

Wo uns're
Tränen weichen,
wo Glück sich frei entfalten kann –
setzt Fröhlichkeit ein Zeichen,

die Zeit kommt –
irgendwann.

Ein Kind
ohne Fragezeichen
wird selten zum
Ausrufezeichen!

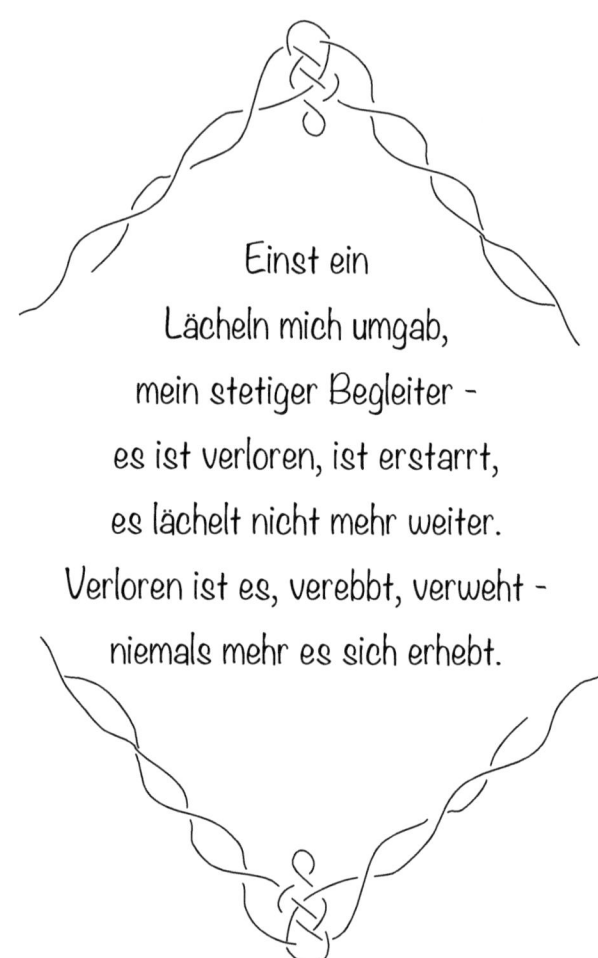

Einst ein
Lächeln mich umgab,
mein stetiger Begleiter –
es ist verloren, ist erstarrt,
es lächelt nicht mehr weiter.
Verloren ist es, verebbt, verweht –
niemals mehr es sich erhebt.

Und manchmal
helfen keine Worte,
auch wenn sie noch so gut gemeint -
egal wie freundlich, welcher Sorte,
alles nur noch trostlos scheint.
Und diese Zeit, die wird Zeit brauchen,
sie wird nicht leicht so ganz allein,
doch irgendwann wird sie verrauchen
und alles wird erträglich sein.

Wer
ein Lächeln übrig hat,
der sollte es verschenken –
für andere eins aufbewahr'n,
an irgendjemand denken.
Drum lächle doch 1...2-mal mehr,
für jeden der dir nah –
es freut den and'ren sicher sehr,
und lächelt dann sogar.
Drum: wer ein Lächeln übrig hat,
der sollte es verschenken –
für andere eins aufbewahr'n,
an seinen Nächsten denken.

Mein Lächeln
soll dein Balsam sein,
mein Wort dein Sonnenschein –
und fühlst du dich gerad' allein,
will ich dein Segen sein.

Ach würde doch
ein Schmetterling
seine zarten Flügel vor mir flattern lassen
und mit jedem Flügelschlag
Luft auf meine heißen Wangen wedeln.
Ach würde doch
ein Bäumchen fortwährend bei mir wandeln
und meinen zarten Füßchen Schatten spenden.
Ach würde doch
ein kühler Tropfen
erdwärts fallen -
den Regenbogen würde ich begrüßen.

Wenn
meine Worte
trösten könnten,
ich würde viele Worte sprechen.
Ohne Pause, Komma, Punkt,
würde ich den Schmerz durchbrechen.
Ohne auch nur Luft zu holen
spräch ich ohne Unterlass –
die Worte wären dir befohlen,
mal in Moll und mal in Bass.
Es formten sich die Silben
beinahe engelsgleich –
gehörten zu den milden,
so sacht, so sanft, so weich.

Ich wäre

niemals müde

zu sprechen noch ein Wort.

Die Worte würden fließen,

ich führte unends fort.

Auch wenn der Tag

sich senkte, am Ende sich verneigt,

ich würde weitersprechen,

selbst wenn die Nacht dann schweigt.

Gefüllt sind meine Worte

mit Hoffnung, Mut und Licht –

mit Glauben, Schwung und Leben,

mit ganz viel Zuversicht.

Ich tanzte.
Einen Sommer lang.
Vergessen war die trübe Zeit.
Ich tanzte, hüpfte, sang und sprang,
ich tanzte voller Leichtigkeit.
Doch dann zog ein der graue Herr -
der Sommer, ohne Wiederkehr.
Und meine Seele selig lacht,
der Herbst ist schöner als gedacht.
Vergessen ist die Sommerzeit,
ich tanze voller Leichtigkeit.
Ich tanz mit dem Sturm,
ich tanz mit dem Wind -
der Herbst, der ist mir wohlgesinnt.
Mein Herz es springt und hüpft und lacht,
ich tanze bis zur dunklen Nacht.
Ich tanze bis es friert und schneit,
ich tanz die ganze Winter-Zeit.

Und meine Seele selig lacht,
der Winter: schöner als gedacht.
Ich tanze bis zum nächsten März,
es tanzt die Seele, tanzt das Herz.
Ich tanz mein ganzes Leben lang,
bis ich dann nicht mehr tanzen kann.
Doch bis dahin ist noch Zeit,
drum tanz ich voller Leichtigkeit.

Herr Zweifel
und Frau Angst
oft Hand in Hand zur Seele schreiten -
die Kinder Furcht und Bange
gleichsam nebenan.
Fruchtbar sind sie diese Zeiten -
man selten dem entrinnen kann.

Da rief

mein Herz

komm folge mir –

ich weiß wonach

dich's sehnt!

Hoffnung das Tor
Glaube das Schloss
Vertrauen der Schlüssel
Frieden der Weg!

Noch hoffen wir
auf Sonnenschein,
wann wird er uns erreichen?
Wann wird nur endlich Frühling sein?
Wann wird der Regen weichen?
Wir sehnen uns nach Himmelblau,
nach Wärme und nach Licht –
doch noch ist es nur nass und grau,
April hier wohl noch spricht.

Doch schau,
ein erster Sonnenstrahl,
dort hinten in der Ferne –
vielleicht scheint sie ja noch einmal
und bringt der Seele Wärme.
Bis dahin heißt's geduldig sein,
wir können wohl nur warten –
und dann wird endlich Frühling sein,
es kommt, worum wir baten.

So gern würd' ich
die Stille durchbrechen –
lindernd zu deiner Seele sprechen.
An die Hand dich tröstend nehmen,
dich an meine Schulter lehnen.
Dich von Trauer und Tränen befreien,
Zuversicht und Hoffnung dir leihen.

So gern würde ich
deinen Kummer vertreiben,
still an deiner Seite bleiben –
dich deinen Schmerz vergessen lassen,
Mut mit dir gemeinsam fassen.
So gern würd' ich
ein Trost dir sein,
so gern' würd' ich
ein Freund dir sein.

Wenn Mut
und Glaube scheiden,
wenn Ängste groß und mächtig sind –
wenn Herz und Seele schweigen
und alles dir den Atem nimmt –
lass Hoffnung sich entfalten,
geh frohen Mutes durch die Welt,
lass Vertrauen schalten, walten,
damit die Zuversicht
dich hält.

Anhänglich die Sorge

Aufdringlich die Angst

Getreu die Furcht

Nur die Hoffnung

schwindet

Und manchmal
fühlt man den grauen Nebel
mit jeder Faser seines Seins.
Spürt den eisigen Wind,
der einen frostig den Nacken
emporkriecht.
Sieht die rabenschwarzen Wolken
zürnend ziehen –
schwärzer als die schwärzeste Nacht.
Unheil in sich bergend.
Schwer wie Blei hängen sie im Tal,
gefüllt mit dem was war,
mit dem, was kommen wird –
da kann zehnmal
grad die Sonne scheinen.

Und oftmals

bleiben sie ungeweint,

tümmeln sich an

des Herzens Grund -

gleichsam

mit den Gedanken,

die sich nie

zu Worten formten.

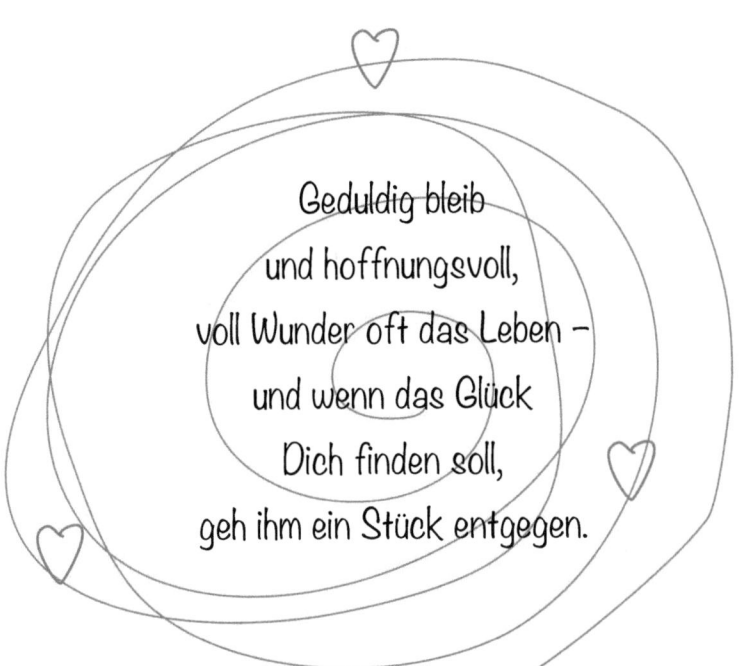

Geduldig bleib
und hoffnungsvoll,
voll Wunder oft das Leben –
und wenn das Glück
Dich finden soll,
geh ihm ein Stück entgegen.

Hoffnung
zu haben ist ein Geschenk!
Zuversicht eine Gabe!
Vertrauen ein Segen!

Ein weißes Täubchen
ich heute sah,
ein Vogel des Friedens es wohl war.
Sein Flügel lahm, das Herz entzwei,
den Frieden hatte es nicht dabei.

Ohne Hoffnung, freudlos, bedrückt –
mit Zweifel und Wehmut nur bestückt.
Es sah wohl des Menschen wahres Gesicht,
das nahm ihm sein flammendes Friedenslicht.

Ich nahm es hoch auf meine Hand,
ich weinte mit, denn ich verstand.
Ich sprach zu ihm: Wir brauchen dich,
der Frieden auf der Welt verblich.
Meine Tränen auf seinem Gewand,
wie ein heilender Verband.

Es flammte
zart sein Friedenslicht,
sein Herz voll Hoffnung und Zuversicht.

Es streckte seine Flügel aus
und flog weit in die Welt hinaus.
Ein weißes Täubchen ich heut sah,
ein Vogel des Friedens es wohl war.

Es lodert und schimmert
sein flammendes Licht,
den Frieden uns das Täubchen verspricht.

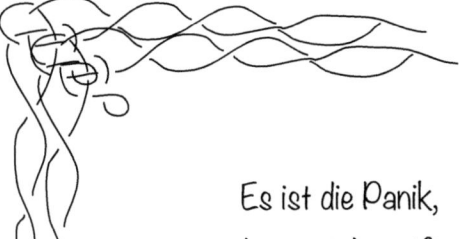

Es ist die Panik,

die um sich greift.

Es ist der Zweifel, der mich streift.

Es ist die Sorge, die mich zerreißt,

es ist die Angst, die nichts Gutes verheißt.

Es ist die Furcht, die an mir frisst,

es ist die Skepsis, die bei mir ist.

Es ist die Hoffnung, die mich führt,

es ist der Glaube, der mich berührt.

Es ist mein Herz, welches mich lenkt,

es das Gute stets erkennt.

Einen Pinsel
hab ich schon
in meiner linken Hand.
Ach, wie wär es wunderschön,
ich malt' ein neues Land.
Ich malte eine neue Welt,
für uns, für mich, für dich –
sie wär nicht rosa, sondern gelb,
sie einer Sonnenblume glich.
Sie stets zum Licht, zur Sonne neigt,
friedlich lächelnd, freundlich schweigt.
Kein böses Wort gäb es zu hören,
kein Gezänk würde uns stören.
Gemütlich, bunt und ohne Leid,
ohne Kummer, ohne Streit.
Und Toleranz wär großgeschrieben,
die Wahrheit wäre uns geblieben.

Die Hoffnung
würde uns begleiten,
ach' was wären das für Zeiten!
Ach', wie wär die Welt charmant,
friedevoll das ganze Land.
Freundlich wären Mensch und Tier,
getragen wären wir vom WIR.
Ein friedlich-freudiges Hand in Hand,
Zusammenhalt im ganzen Land.
Seite an Seite! Zusammen! Vereint!
Es gäb kein Rivale, kein Gegner, kein Feind.
Niemand würde Hunger leiden,
ach', wir wären zu beneiden.
Welch' ein wunderschönes Bild –
dieses anzustreben gilt!

Der Pinsel
fällt mir aus der Hand,
das neue Land im Sand verschwand.

Traurig
blickte ich umher –
alles war so, wie bisher.
Ungemütlich, grau, voll Leid,
voller Kummer, voller Streit.
Böse Worte Tag für Tag,
mehr als Blitz und Donnerschlag.
Egoismus! Wo man schaut!
Die Welt – sie kränkelt, ist zu laut.
Ach‘, was sind das nur für Zeiten?
Zank und Zwietracht uns begleiten.
Es könnte doch so einfach sein –
Ach, wie wär es wunderschön,
ich malt‘ ein neues, schönes Land –
ich malte eine neue Welt
sie wäre rosarot, hellgelb!
Und der Pinsel gibt es viele,
lasst uns malen – Tag für Tag!

Ein Lächeln, ein Helfen,
eine gereichte Hand -
Lasst uns malen ein freundliches Land!

Lasst uns Brücken bauen, gestalten -
Lasst uns Türen offenhalten.
Lasst uns Mauern runterreißen,
lasst uns den Frieden willkommen heißen.

Lasst die dunklen Zeiten zieh'n,
Liebe Grüße - Eure Yasmin!

Ich fand
ein Quäntchen Hoffnung heut',
ich geb' sie weiter an die Leut',
die wenig Hoffnung in sich tragen
und es brauchen in diesen Tagen.
Sie soll in euch wachsen
und gedeihen
und euch von den Sorgen befreien.

Es ist
der Mensch
und nicht das Vieh –
der Hund lernt schnell,
der Mensch wohl nie!

Wenn
niemand spricht,
was alle denken,
kann man sich
das Denken schenken!

Ich lausche dem,
der freundlich spricht –
gemein und garstig hör ich nicht!
Ich folge dem,
der gütig ist,
der unsere Werte nicht vergisst.
Ich danke dem,
der menschlich bleibt,
den niemals Groll und Missmut treibt.
Ich achte den,
der andere schätzt,
der herzlich handelt,
nicht verletzt.

Man ehre den,
der gibt statt nimmt –
der Streit beendet, nicht beginnt.

Entdecke
an jedem Tag
etwas Schönes.
Siehst du es nicht,
so suche danach!

Wem

es gelingt

das Alltägliche

als das Besondere zu erkennen,

dem gehört die Welt!

Geduld

ist wohl die höchste Tugend –

begleitet selten doch die Jugend.

Eher des Herbstes Wegbegleiter,

wenn man weise und gescheiter.

Doch nicht jedem ist's gegeben,

dann ist's nicht der Jugend wegen.

Nicht gesehen!
Nicht gehört!
Nicht geschätzt!
Nicht gelernt!
Nicht mehr da!

Und als der Wind
zu stark,
der Ast zu schmal
und die Zeit zu knapp wurde,
breitete der kleine Spatz die Flügel aus
und nutzte die Gelegenheit.
Und siehe da,
seine zarten Flügel trugen ihn,
genauso wie der Wind es tat.
Und bevor er müde wurde,
setzte er sich auf einen
großen, starken Ast,
baute sein Nest
und trotzte dem Wind.
Selbst die Zeit lauschte
seinen lieblichen Liedern.

Es ist als würde
der Sonnenschein
die Hoffnung,
der Frühling die Zuversicht
und jedes noch so kleine Vogelgezwitscher
den inneren Frieden
in sich tragen!

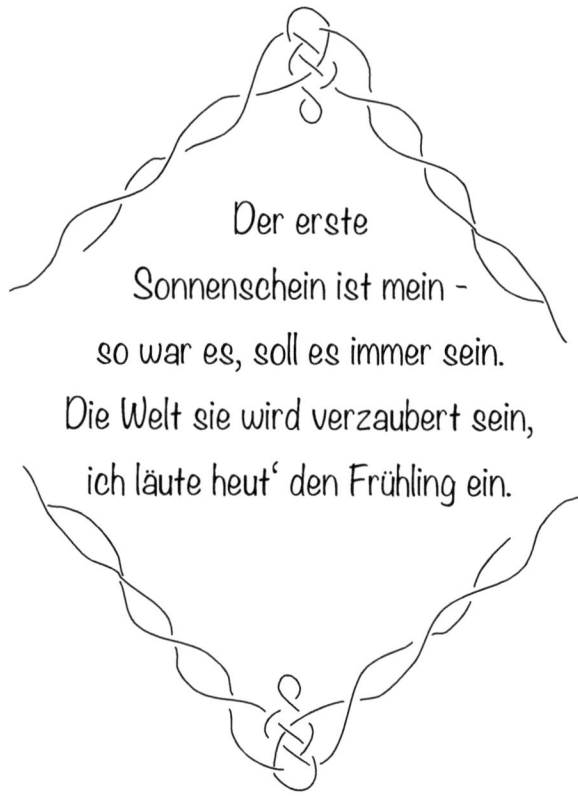

Der erste
Sonnenschein ist mein -
so war es, soll es immer sein.
Die Welt sie wird verzaubert sein,
ich läute heut' den Frühling ein.

Ach,

wär' ich doch ein Sonnenschein,

ich würde scheinen, scheinen, scheinen.

Ich ließe dich niemals allein,

ich ließ' dich niemals weinen.

Ich würd' auf deiner Wange liegen,

ich gäb' dir Kraft und Zuversicht –

und ließ' die Tränen stets versiegen,

mit meinem hellen, warmen Licht.

Durchdringen täte ich dein Haupt,

auf dass es hofft, vertraut und glaubt.

Und deine Seele tät ich streicheln,

mich still an deine Schulter schmeicheln –

du fühltest dich niemals allein,

in meinem milden Sonnenschein.

Ach, wär ich doch ein Sonnenschein,

ich würd' dir scheinen, scheinen, scheinen.

Dein Lächeln
der Falschheit Signatur.
Mein Herz, es kann es lesen.
Lächle, lächle nur –
es kennt dein wahres Wesen.

Ein Seufzen
24 lange Stunden
gefüllt mit grübeln und hoffen
ein wanken, ein schwanken
zwischen Zweifel und Zuversicht
gefangen
zwischen Vertrauen und der Farbe Grau
die Minuten wollen nicht verstreichen
und doch
ein zartes Licht
ein Schimmer
Hoffnung
ein Seufzen

Ich habe versucht

die Tränen zu zählen,

wäre ja schade,

wenn 2...3 fehlen.

Welch eine Wohltat,

welch ein Segen,

ich hab sie genossen

auf den schattenden Wegen.

Ich lief ein paar Schritte,

lief kreuz und quer,

schritt tonlos und stumm

im Dunkeln umher.

Und mit mir

die Tränen

in eiskalter Nacht –

tröstend,

erleichternd

und unendlich

sacht.

Lieber

Regen auf mich

als mich aufregen

Ach wie herrlich,

welch' ein Segen –

nach Sonne und Hitze

endlich der Regen!

Sei willkommen und bleib eine Weile –

nur keine Hast, sei nicht in Eile.

Es dürstet die Erde, es dürstet das Land,

alles vertrocknet, verdorrt, verbrannt.

Drum regne, fließe auf uns hinab,

grüne die Wiesen und grüne das Blatt.

Fülle den Weiher, den Bach und den See,

tränke die Wiesen, die Wälder, den Klee.

Benetze die Blumen, die Gräser, das Feld,

sei du es, der die Welt erhellt.

Sei uns willkommen,

bleib eine Weile –

nur keine Hast, sei nicht in Eile.

Es sind
die kleinen Dinge im Leben,
die uns Halt und Hoffnung geben –
die uns entzücken, Freude bringen,
die in unser Herz eindringen.
Die uns erheitern, amüsieren,
direkt in unsere Seele spazieren.
Die uns die schönsten Zeiten schenken,
unsere Leben mit Frohsinn tränken.
Es sind die kleinen Dinge im Leben,
für den, der sie sieht,
ein wahrer Segen.

Denk groß,
klein machen es
die Leute von alleine!

Den Zweifel

schicket auf die Reise.

Die Hoffnung ladet ein zum Tee –

denn Angst und Argwohn macht nie weise,

drum sag' dem Unmut

rasch Ade.

Ist jemand da draußen,
der mich versteht?
Der mir sagt,
wie's weitergeht?
Gibt es da einen,
der Hoffnung schenkt?
Der meine Zweifel und Ängste ertränkt?
Gibt es da jemand, der zu mir steht?
Der mir zeigt, dass alles vergeht –
vielleicht auch meine Hände nimmt,
meine Furcht macht mich oft blind.
Schön wär, wenn er mich führt und lenkt,
meine Sorgen und Wünsche kennt.
Ist jemand da draußen,
der mit mir geht,
der mich hält, stützt, stärkt und trägt?
Die Antwort liegt ganz tief in mir drin,
gibt meinem Leben einen Sinn.

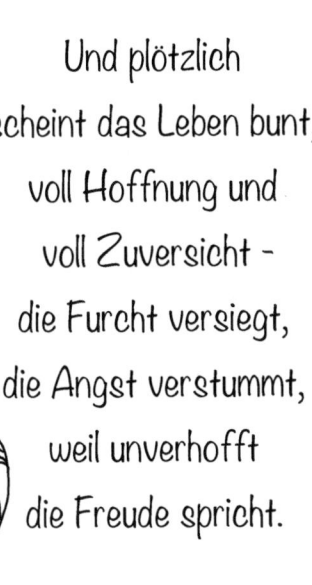

Und plötzlich
scheint das Leben bunt,
voll Hoffnung und
voll Zuversicht –
die Furcht versiegt,
die Angst verstummt,
weil unverhofft
die Freude spricht.

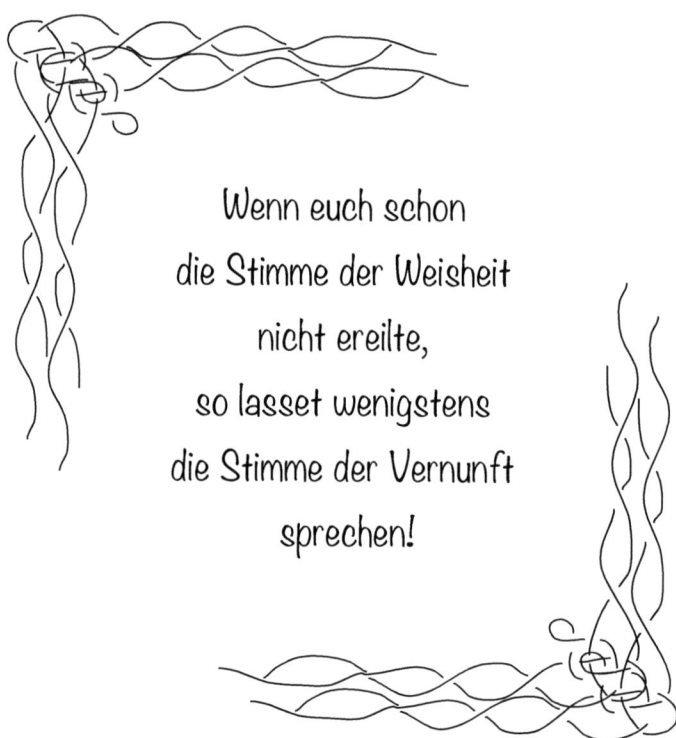

Wenn euch schon
die Stimme der Weisheit
nicht ereilte,
so lasset wenigstens
die Stimme der Vernunft
sprechen!

Das Schaf

das liebe, das dumme, das nette,

das mit der fröhlichen Silhouette –

Das, was immer freundlich lacht,

für jeden da ist, alles macht –

ist jetzt nicht mehr

ganz so dumm,

lächelt freundlich

und bleibt stumm.

Es grast das Schaf zwar fröhlich weiter,

doch nicht mehr dumm –

zum Glück gescheiter.

Sagt nicht mehr einfach Amen und Ja,

und ist auch für sich selbst mal da.

Es lächelt das Schaf,

das liebe, das nette –

das mit der fröhlichen Silhouette.

Die
Spuren des Lebens
lassen uns zweifeln, zögern
und zaudern.
Aber auch hoffen,
sehnen und träumen.

Und

wenn ich

nicht mehr denken kann,

dann fange ich zu „laufen" an.

Es klärt sich, was zu klären war,

ich seh' jetzt deutlicher, fast klar.

Jeder Schritt mich weiterbringt,

meine Fragen es mir nimmt.

Ich
gehe,
studiere,
ich denke,
sinniere,
ich schlendre,
flaniere –
ich laufe, pausiere.
Nach vorne schauen,
in sich gehen,
laufen, gehen
und verstehen.

Schneller geredet, als gedacht.
Mehr gesagt, als am Ende gemacht.
Mehr versprochen, als getan –
leere Worte es nur war'n.
Zu allem weise den Senf gegeben,
selten dafür, oft dagegen.
Wer kennt diesen „Einen" nicht,
der immer nur über sich selber spricht.
Der stets das Haar in der Suppe findet,
dessen Herz, so scheints, stumm erblindet.
Der selten gibt, doch gerne nimmt –
dessen Worte sich drehen, wie der Wind.
Der die Schuld stets bei den anderen sieht,
der immer alle Register zieht.
Der es einem schwerer macht,
sich umdreht, geht und dann noch lacht.
Alle kennen diesen „einen",
diesen fiesen, oft gemeinen.

Es sind die Worte

weitab von Hass und Neid

Es sind die Gesten

fern von Zank und Streit

Es sind die Blicke

wohlwollender Natur

Es sind die Taten

in freudiger Tinktur

Es ist das Herz

was manchmal spricht

Es ist das Lächeln in einem Gesicht

Bitterkeit
gesellt sich gern,
zu einem missvergnügten Herrn!

Doch auch das „Weib" nicht resistent,
es ist sein ewiges Talent!

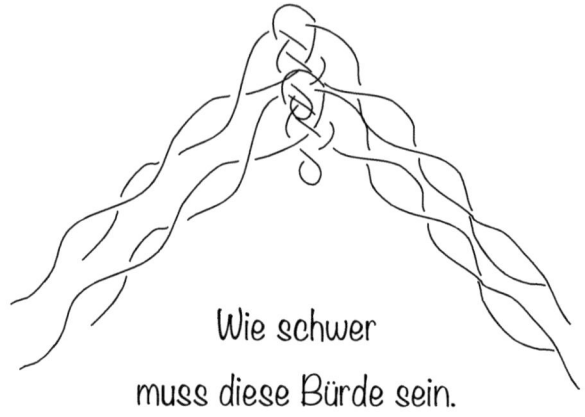

Wie schwer
muss diese Bürde sein.
Ein Mensch allein sollt' sie nicht tragen –
kraftlos, hilflos, ganz allein,
der Kummer schmerzt
an allen Tagen.

Wer

Freude hat am Klagen,

sieht nicht des Frühjahrs Farben.

Sieht schwarz an allen Tagen -

wird sich stetig daran laben!

Ein Lächeln

ziert mein zartes Gesicht –

was ich denke, zeigt es nicht.

Was ich fühle, sieht man nicht.

Was ich empfinde, spürt man nicht.

Was ich fürchte, denkt man nicht.

Was mich antreibt, erkennt man nicht.

Was ich hoffe, ahnt man nicht.

Was mich umtreibt, erfährt man nicht.

Wie mein Herz bricht, hört man nicht.

Ein Lächeln ziert

mein zartes Gesicht.

Des Tages Echo
ist die Nacht –
es schallt, es schallt, es schallt.
Gedanken kreisen, reisen, weisen.
Und auch die Nacht
schweigt tags nicht still.

Nie verstand ich es
mich in der glühenden Hitze
auf die schweißgetränkte Bank zu setzen –
inmitten der Geschwitzten.
Niemals sehnte ich mich
nach des Sommers heißen Tage –
ausgesetzt dem Strahl
des Lebens und des Todes.
Nie rief ich nach dem,
was wohl alle lieben.

Winterkind

Die Zeit
vergeht ja sowieso,
dann lieber glücklich lächelnd, froh!

Wo Liebe
gestaltet,
waltet, spricht
stets die Hoffnung
den Zweifel bricht!

Wenn Augen
sich mit Hass erfüllen,
Hände still zu Fäusten werden.
Wenn Massen schwimmen, Mauern wachsen,
wenn es laut wird hier auf Erden.
Wenn Herzen sich zu Steinen formen,
Schriften spitz wie Rosendornen,
wenn Worte scharf wie Messer richten,
niedermachen und vernichten –
wenn Hoffnung und Vertrauen schwinden,
wir Groll und Missmut an uns binden.
Wenn Taten bis zum Himmel stinken,
wir abgrundtief im Hass versinken.
Wenn Kummer uns die Sicht vernebelt,
Sorgen unser Leben knebelt –
wir Zuversicht durch Wut ersetzen,
uns're Werte nicht mehr schätzen.

Sie nicht leben,

achten, ehren –

Zwietracht säen,

Feindschaft mehren.

Ist es Zeit, um aufzustehen

hinzuschauen, hinzusehen.

Gegen Strom und Sturm

sich wehren,

Hoffnung säen,

Freundschaft mehren.

Deine Seele
tief betrübt,
sie ist nicht fröhlich,
nicht vergnügt –
sie sieht den Frühling schleierhaft.
Es fehlt die Hoffnung, fehlt die Kraft.
Zweifle nicht und glaub daran,
es wird besser
irgendwann.

Blumig meine Worte,

aus fahlem Grau geformt,

freudig meine Taten –

auch wenn das Herz mir schwer.

Rosig lächelt mir der Mund,

er wird mich nicht verraten.

Aus
Zuversicht Dein Bett,
aus Hoffnung Dein Heim,
voller Freude Dein Weg-
so möge es sein!

Sommer,
lass dir ruhig noch Zeit,
bleibe noch ein wenig hier.
Gingst du fort, es tät uns leid,
wir erfreuen uns an dir.

Leise

gleite ich dahin,

weil ich ein kleiner Engel bin.

Ich werde auf deiner Schulter verweilen

und dir stets zu Hilfe eilen.

Ich werde dich halten, stützen und führen,

lass dich deine Träume spüren.

Ich werde dich trösten,

dir Hoffnung geben –

Vertrauen an deine Seite legen.

Zuversicht und Mut dir bringen,

von Liebe, Glück und Freude singen.

Ich lasse dich hören, ich lasse dich sehen,

ich lasse dich niemals im Regen stehen.

Leise gleite ich dahin,

weil ich dein kleiner Engel bin.

Ein letzter Blick
der Vogel schaut sein Heimatland.
Die schweren Spannen weitet er –
gen Süden bricht er auf.
Kein leichter Weg
und doch vertraut,
in jedem Jahr aufs Neue.
Und dann
beim ersten Sonnenstrahl,
welch' freudiges Gezwitscher.

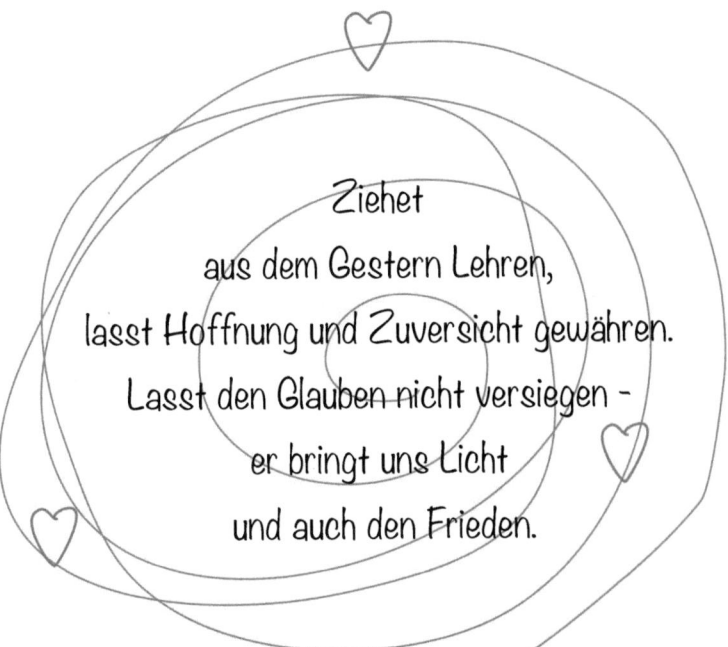

Ziehet
aus dem Gestern Lehren,
lasst Hoffnung und Zuversicht gewähren.
Lasst den Glauben nicht versiegen –
er bringt uns Licht
und auch den Frieden.

Trotz dem Schnee -
Trotzdem Schnee!
Trotz dem Leben -
Trotzdem leben!

pür
noch ein wenig,

spür genau hin –

noch ein paar Tage

...

Herbstbeginn!

Ohne
Menschen wie dich,
wären wir da,
wo wir niemals hinwollen!

Lasst uns mit
kindlicher Seele schauen –
hoffen, glauben und vertrauen!
Ungetrübt der Blick, so rein –
Ach', lasst uns
wie die Kinder sein!

Noch mehr zum Schmunzeln, Träumen und Wünschen
findest Du in dem Buch „Wimmel-Wünsche" oder unter:

www.gedichtenichte.de

weitere Bücher von Yasmin Mai-Schoger

Schmunzelstücke
ISBN: 9 783751 906777

Der Hausberg
ISBN: 9 783732289814

Harzschnipsel
ISBN: 9 783750 480032

Die Achalm
ISBN: 978-3-7494-68515

Die Schwälbler
ISBN: 978-3-750-411982

Ach, Alm
ISBN: 9783 752 606096

Frau Wirbelwusch

ISBN: 9 783750 437722

*Frau Wirbelwusch
ist wieder da*
ISBN: 9 783753478340

*Die Schwälbler -
Onderweags*
ISBN: 9783753 421339

Frau Wirbelwusch
WirrWarr-Wunder
ISBN: 978 3758 370489

Die Harznoks
ISBN: 978 3751951463

Wimmel-Wünsche
ISBN: 9 783756 889174

und weitere

114

Selbstfürsorge nach der *"Be-your-own-child-Methode"*
Be-y o c © von Yasmin Mai-Schoger

Als Elternteil (Großeltern/Tante/Onkel...) gehört man zu den aufmerksamen, empathischen, fürsorglichen, helfenden Menschen, die sich unermüdlich und voller Inbrunst damit beschäftigen, was dem Kind gut tut, Freude macht, es weiterbringt. Da wird geschaut, dass genug geschlafen wird, dass das Essen ausgewogen, abwechslungsreich und schmackhaft - und vor allem gesund ist. Wir motivieren es zu ausreichender Bewegung und gehen mit ihm an die frische Luft. Wenn das Kind krank ist, tun wir alles daran, dass es wieder gesund wird – beim ersten Anzeichen reagieren wir, steuern wir gegen, schreiten wir ein. Es wird zugehört, hingeschaut, wahrgenommen. Warum tun wir das nicht auch bei uns selbst? Wir kennen uns schließlich am besten, sind uns am nächsten, kennen unsere Bedürfnisse, unsere Ziele und Träume. Gut, manchmal müssen wir vielleicht wieder lernen uns selber zuzuhören, unser eigenes Ich wahrzunehmen und eben erkennen, dass wir vieles selbst beeinflussen können, in unserer eigenen Hand haben, den ersten Schritt einfach nur gehen müssen. Be- your-own-child! Höre auf Dich! Sorge auf Dich! Schau nach Dir! Geh sorgsam mit Dir um, als wärst du Dein eigenes Kind – lebe nach der „Be-y o c -Methode©. Sei unermüdlich im fürsorglichen Umgang auch! mit dir selbst – schau, was dir gut tut, was dir Freude macht und gehe den ersten Schritt! Wir haben nur dieses eine Leben!

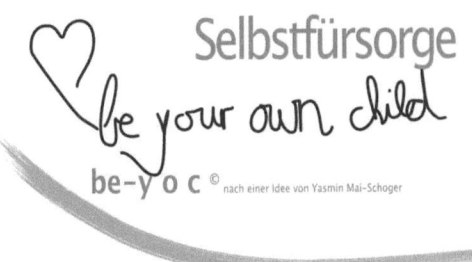

Selbstfürsorge
be your own child
be-y o c © nach einer Idee von Yasmin Mai-Schoger